Angelika Kriege

Balladen – hören, spielen, verstehen

Ernst Klett Verlag

Für Davids Vater

Zu diesem Heft gibt es eine Hörkassette (Klettnr. 306281).

1. Auflage 1 5 4 3 2 1 | 1993 92 91 90 89

Alle Drucke dieser Auflage können im Unterricht nebeneinander benutzt werden, sie sind untereinander unverändert. Die letzte Zahl bezeichnet das Jahr dieses Druckes.

Umschlag: Manfred Muraro.
Satz: Setzerei Steffen Hahn, Kornwestheim
Druck: Stuttgarter Druckerei GmbH, Stuttgart
ISBN 3-12-306280-5

Inhalt

Balladen-Tradition

Sagen Sie, Herr Goethe:
Was ist eigentlich
eine Ballade?

Der moderne Balladen-Sänger

Degenhardt

Biermann

Johann Wolfgang von Goethe: Der Zauberlehrling

Hat der alte Hexenmeister
Sich doch einmal wegbegeben!
Und nun sollen seine Geister
Auch nach meinem Willen leben.
Seine Wort' und Werke
Merkt ich und den Brauch,
Und mit Geistesstärke
Tu ich Wunder auch.

Walle! walle
Manche Strecke,
Daß, zum Zwecke,
Wasser fließe
Und mit reichem, vollem Schwalle
Zu dem Bade sich ergieße.

Und nun komm, du alter Besen!
Nimm die schlechten Lumpenhüllen;
Bist schon lange Knecht gewesen;
Nun erfülle meinen Willen!
Auf zwei Beinen stehe,
Oben sei ein Kopf,
Eile nun und gehe
Mit dem Wassertopf!

Walle! walle
Manche Strecke,
Daß, zum Zwecke,
Wasser fließe
Und mit reichem, vollem Schwalle
Zu dem Bade sich ergieße.

Seht, er läuft zum Ufer nieder,
Wahrlich! ist schon an dem Flusse,
Und mit Blitzesschnelle wieder
Ist er hier mit raschem Gusse.
Schon zum zweiten Male!
Wie das Becken schwillt!
Wie sich jede Schale
Voll mit Wasser füllt!

Stehe! Stehe!
Denn wir haben
Deiner Gaben
Vollgemessen! –
Ach, ich merk es! Wehe! wehe!
Hab ich doch das Wort vergessen!

Ach, das Wort, worauf am Ende
Er das wird, was er gewesen.
Ach, er läuft und bringt behende!
Wärst du doch der alte Besen!
Immer neue Güsse
Bringt er schnell herein,
Ach! und hundert Flüsse
Stürzen auf mich ein.

Nein, nicht länger
Kann ichs lassen;
Will ihn fassen.
Das ist Tücke!
Ach! nun wird mir immer bänger!
Welche Miene! welche Blicke!

O, du Ausgeburt der Hölle!
Soll das ganze Haus ersaufen?
Seh ich über jede Schwelle
Doch schon Wasserströme laufen.
Ein verruchter Besen,
Der nicht hören will!
Stock, der du gewesen,
Steh doch wieder still!

Willsts am Ende
Gar nicht lassen?
Will dich fassen,
Will dich halten
Und das alte Holz behende
Mit dem scharfen Beile spalten.

Seht, da kommt er schleppend wieder!
Wie ich mich nur auf dich werfe,
Gleich, o Kobold, liegst du nieder;
Krachend trifft die glatte Schärfe.
Wahrlich! brav getroffen!
Seht, er ist entzwei!
Und nun kann ich hoffen,
Und ich atme frei!

Wehe! wehe!
Beide Teile
Stehn in Eile
Schon als Knechte
Völlig fertig in die Höhe!
Helft mir, ach! ihr hohen Mächte!

Und sie laufen! Naß und nässer
Wirds im Saal und auf den Stufen.
Welch entsetzliches Gewässer!
Herr und Meister! hör mich rufen! –
Ach, da kommt der Meister!
Herr, die Not ist groß!
Die ich rief, die Geister
Werd ich nun nicht los.

„In die Ecke,
Besen! Besen!
Seids gewesen.
Denn als Geister
Ruft euch nur, zu diesem Zwecke,
Erst hervor der alte Meister.“

Es ist noch kein Meister vom Himmel gefallen

Nicht nur *Hexen* will gelernt sein, auch *Lesen* will gelernt sein. Hier das kleine Hexeneinmaleins für den Balladenvortrag. Mit einigen „Lesezeichen“ läßt sich der Balladentext vielleicht besser vortragen.

<table>
<tr><td>V</td><td>Sprechpause</td></tr>
<tr><td></td><td>Einzelwörter hervorheben</td></tr>
<tr><td>!</td><td>betonen</td></tr>
<tr><td>}</td><td>Zeilen verbinden</td></tr>
<tr><td></td><td>mit der Stimme nach oben</td></tr>
<tr><td></td><td>mit der Stimme nach unten</td></tr>
<tr><td></td><td>erzählend</td></tr>
<tr><td>—▷ ◁—</td><td>dialogisierend</td></tr>
<tr><td>O</td><td>monologisierend</td></tr>
<tr><td colspan="2">Ergänzend sind für Meister des Lesens auch Zeichen zum gestischen und mimischen Ausdruck an bestimmten Zeilen anzubringen:</td></tr>
<tr><td></td><td>beschwörend</td></tr>
<tr><td>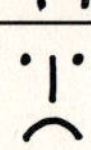</td><td>skeptisch</td></tr>
<tr><td>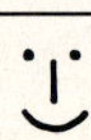</td><td>fröhlich</td></tr>
</table>

Jetzt könnt ihr mit Hilfe dieser Zeichen den Balladentext für den Vortrag einrichten. Die 1. Strophe könnte zum Beispiel so aussehen:

Hat der alte Hexenmeister

Sich doch einmal wegbegeben!

Und nun sollen seine Geister

Auch nach meinem Willen leben.

Seine Wort' und Werke

Merkt ich und den Brauch,

Und mit Geistesstärke

Tu ich Wunder auch.

Versucht, den gesamten Balladentext mit Hilfe dieser „Lesezeichen" zu erarbeiten, tragt vor der Klasse vor, versucht's mal mit der Cassette/dem Tonband zu Hause, was ihr mit eurer Stimme alles machen könnt.

Die Ballade von einem Profi gesprochen

Hört euch den Balladenvortrag an.
Stärken und Schwächen des Vortrags?
Inwiefern ist der Vortrag schon eine Interpretation der Ballade?

Dem Zauberlehrling auf der Spur

A Stimmungen

Welcher der abgebildeten Köpfe drückt die Stimmung des Zauberlehrlings am besten aus?

B Durch Zaubern erkennen

Das 18. Jahrhundert gilt als Jahrhundert der Aufklärung oder des Rationalismus. Das hinderte große Philosophen und Literaten nicht daran, auch der Faszination des Magischen und Okkulten[1] zu erliegen. Gerade Goethe hat sich sehr intensiv mit „übernatürlichen" und „außergewöhnlichen" Erscheinungen beschäftigt. Einerseits „die Elemente zu spekulieren" und andererseits die Naturgesetzmäßigkeiten zu erfassen, das war kein Widerspruch. Das Nebeneinander von Alchemie und exakter Naturwissenschaft war geprägt durch das Erkenntnisinteresse, was „die Welt im Innersten zusammenhält".

Magie [altpers.-gr.-lat.].
◆ zusammenfassende Bez. für Praktiken, mit denen der Mensch seinen eigenen Willen auf die Umwelt in einer Weise übertragen will, die nach naturwissenschaftl. Betrachtungsweise irrational erscheint: dem ↑Zauber sehr nahestehend. Allgemein gilt von mag. Praktiken, daß die mit ihrer Hilfe intendierte Wirkung vermeintl. dadurch zustande kommt, daß zwischen dem Subjekt einer mag. Handlung und ihrem Objekt ein außerrationaler Abbildungs- und/oder Kausalitätszusammenhang angenommen oder hergestellt wird. Theoret. lassen sich zwar Religion und M. in der Weise voneinander abgrenzen, daß innerhalb der Religion der Mensch sich einer schicksalsbestimmenden (göttl.) Macht unterwirft, mit Hilfe der M. jedoch die Welt und die Natur aus eigener Kraft lenken und beeinflussen will: tatsächl. werden aber in den meisten Religionen mag. Praktiken vollzogen, sogar dann, wenn diese von offiziellen religiösen Institutionen verboten sind oder aber als nicht mag. interpretiert werden. Wegen dieser unabhängig vom Entwicklungsstand einer Religion zu beobachtenden Vermengung religiöser Anschauungen und religiösen Verhaltens mit mag. Praktiken läßt sich die u. a. von Sir J. G. Frazer behauptete zeitl. Aufeinanderfolge von M. und Religion nicht aufrechterhalten. Eine solche Vermengung findet sich v. a. in dem für den Volksglauben häufig typ. mag. Umgang mit eigentl. religiösen, v. a. kult. Phänomenen, die unabhängig und oft im Gegensatz zum offiziellen religiösen Verständnis mag. interpretiert und verwendet werden (↑Aberglaube). Derjenige, der eine mag. Handlung vollzieht, vertraut auf eine ihr inhärente Macht, die eine automat. Wirkungsfähigkeit besitzt. Er beabsichtigt, die Einwirkung schädl. Mächte fernzuhalten und/oder diese auf Gegner zu übertragen. Der Magier versucht, Einfluß auf Leben und Tod zu gewinnen, auf Gesundheit und Krankheit, vegetative Fruchtbarkeit und Dürre, nützl. und schädl. Tiere. Hinsichtl. der Zielsetzung ihrer Anwendung wird zwischen weißer und schwarzer M. unterschieden: unter *schwarzer M.* (volksetymolog. abgeleitet von der zu „Nigromantie" verballhornten „Nekromantie": Zu lat. niger = schwarz) versteht man Handlungen, die die Schädigung eines einzelnen oder einer Gruppe intendieren, während der dazu gebildete Komplementärbegriff *weiße M.* diejenigen Praktiken umfaßt, die ohne diese schädigende Intention zur Mehrung irgendwelcher Güter eingesetzt werden.

1 geheimnisvoll, verborgen

Aufbegehren oder Unterordnen?

Marie Marcks

Trifft die vorliegende Karikatur das Problem der Ballade?
(Beachte den Ausgangspunkt der Ballade, die Motive des Zauberlehrlings, die Mittel des Zauberlehrlings und den Schluß der Ballade.)
Ist Goethes Ballade aus deiner Sicht eine Ballade der Unterordnung oder des Aufbegehrens?
(Sammelt dazu auch Sprichwörter, die durch diese Ballade verdeutlicht werden:
Es ist noch kein Meister vom Himmel gefallen
Hochmut kommt vor dem Fall
Früh übt sich…
usw.)

Wer jetzt noch Lust hat:

Eine moderne Lehrlingsballade

. . . .

. . . .

. . . .

. . . .

oder gar

Eine moderne Meisterballade

Friedrich Schiller: Der Taucher

Was hat ein Taucher damals bei einem Sprung in eine unbekannte Tiefe gefühlt?

„Wer wagt es, Rittersmann oder Knapp',
Zu tauchen in diesen Schlund?
Einen goldnen Becher werf' ich hinab,
Verschlungen schon hat ihn der schwarze Mund.
Wer mir den Becher kann wieder zeigen,
Er mag ihn behalten, er ist sein eigen."

Der König spricht es und wirft von der Höh'
Der Klippe, die schroff und steil
Hinaushängt in die unendliche See,
Den Becher in der Charybde[1] Geheul.
„Wer ist der Beherzte, ich frage wieder,
Zu tauchen in diese Tiefe nieder?"

Und die Ritter, die Knappen um ihn her
Vernehmen's und schweigen still,
Sehen hinab in das wilde Meer,
Und keiner den Becher gewinnen will.
Und der König zum drittenmal wieder
fraget:
„Ist keiner, der sich hinunterwaget?"

Doch alles noch stumm bleibt wie zuvor;
Und ein Edelknecht, sanft und keck,
Tritt aus der Knappen zagendem Chor
Und den Gürtel wirft er, den Mantel weg,
Und alle die Männer umher und Frauen
Auf den herrlichen Jüngling verwundert schauen.

Und wie er tritt an des Felsen Hang
Und blickt in den Schlund hinab,
Die Wasser, die sie hinunterschlang,
Die Charybde jetzt brüllend wiedergab,
Und wie mit des fernen Donners Getose
Entstürzen sie schäumend dem finstern Schoße.

1 von Charybdis (griech.), in der „Odyssee" von Homer als Meeresungeheuer beschriebene Meerenge in der Straße von Messina (Sizilien)

Und es wallet und siedet und brauset und zischt,
Wie wenn Wasser mit Feuer sich mengt,
Bis zum Himmel spritzet der dampfende Gischt,
Und Flut auf Flut sich ohn' Ende drängt
Und will sich nimmer erschöpfen und leeren,
Als wollte das Meer noch ein Meer gebären.

Doch endlich, da legt sich die wilde Gewalt,
Und schwarz aus dem weißen Schaum
Klafft hinunter ein gähnender Spalt,
Grundlos, als ging's in den Höllenraum,
Und reißend sieht man die brandenden Wogen
Hinab in den strudelnden Trichter gezogen.

Jetzt schnell, eh' die Brandung wiederkehrt,
Der Jüngling sich Gott befiehlt,
Und – ein Schrei des Entsetzens wird rings gehört,
Und schon hat ihn der Wirbel hinweggespült,
Und geheimnisvoll über dem kühnen Schwimmer
Schließt sich der Rachen; er zeigt sich nimmer.

Und stille wird's über dem Wasserschlund,
In der Tiefe nur brauset es hohl;
Und bebend hört man von Mund zu Mund:
„Hochherziger Jüngling, fahre wohl!"
Und hohler und hohler hört man's heulen,
Und es harrt noch mit bangem, mit schrecklichem Weilen.

Und würfst du die Krone selber hinein
Und sprächst: „Wer mir bringet die Kron',
Er soll sie tragen und König sein",
Mich gelüstete nicht nach dem teuren Lohn.
Was die heulende Tiefe da unten verhehle,
Das erzählt keine lebende glückliche Seele.

Wohl manches Fahrzeug, vom Strudel gefaßt,
Schoß jäh in die Tiefe hinab;
Doch zerschmettert nur rangen sich Kiel und Mast
Hervor aus dem alles verschlingenden Grab. –
Und heller und heller wie Sturmes Sausen
Hört man's näher und immer näher brausen.

Und es wallet und siedet und brauset und zischt,
Wie wenn Wasser mit Feuer sich mengt,
Bis zum Himmel spritzet der dampfende Gischt,
Und Well' auf Well' sich ohn' Ende drängt,
Und wie mit des fernen Donners Getose
Entstürzt es brüllend dem finstern Schoße.

Und sieh! aus dem finster flutenden Schoß
Da hebet sich's schwanenweiß,
Und ein Arm und ein glänzender Nacken wird bloß,
Und es rudert mit Kraft und mit emsigem Fleiß,
Und er ist's, und hoch in seiner Linken
Schwingt er den Becher mit freudigem Winken.

Und atmete lang und atmete tief
Und begrüßte das himmlische Licht.
Mit Frohlocken es einer dem andern rief:
„Er lebt, er ist da! es behielt ihn nicht!
Aus dem Grab, aus der strudelnden Wasserhöhle
Hat der Brave gerettet die lebende Seele!"

Und er kommt; es umringt ihn die jubelnde Schar;
Zu des Königs Füßen er sinkt,
Den Becher reicht er ihm kniend dar,
Und der König der lieblichen Tochter winkt,
Die füllt ihn mit funkelndem Wein bis zum Rande,
Und der Jüngling sich also zum König wandte:

„Lang' lebe der König! Es freue sich,
Wer da atmet im rosigen Licht!
Da unten aber ist's fürchterlich,
Und der Mensch versuche die Götter nicht
Und begehre nimmer und nimmer zu schauen,
Was sie gnädig bedecken mit Nacht und Grauen.

Es riß mich hinunter blitzesschnell,
Da stürzt' mir aus felsigem Schacht
Wildflutend entgegen ein reißender Quell.
Mich packte des Doppelstroms wütende Macht,
Und wie einen Kreisel mit schwindelndem Drehen
Trieb mich's um, ich konnte nicht widerstehen.

Da zeigte mir Gott, zu dem ich rief,
In der höchsten schrecklichen Not,
Aus der Tiefe ragend, ein Felsenriff;
Das erfaßt' ich behend und entrann dem Tod.
Und da hing auch der Becher an spitzen Korallen,
Sonst wär' er ins Bodenlose gefallen.

Denn unter mir lag's noch bergetief
In purpurner Finsternis da;
Und ob's hier dem Ohre gleich ewig schlief,
Das Auge mit Schaudern hinuntersah,
Wie's von Salamandern und Molchen und Drachen
Sich regt' in dem furchtbaren Höllenrachen.

Schwarz wimmelten da, in grausem Gemisch,
Zu scheußlichen Klumpen geballt,
Der stachlichte Roche, der Klippenfisch,
Des Hammers greuliche Ungestalt,
und dräuend wies mir die grimmigen Zähne
Der entsetzliche Hai, des Meeres Hyäne.

Und da hing ich und war mir's mit Grausen bewußt,
von der menschlichen Hilfe so weit,
Unter Larven die einzige fühlende Brust,
Allein in der gräßlichen Einsamkeit,
Tief unter dem Schall der menschlichen Rede
Bei den Ungeheuern der traurigen Öde.

Und schaudernd dacht' ich's, da kroch's heran,
Regte hundert Gelenke zugleich,
Will schnappen nach mir; in des Schreckens Wahn
Laß ich los der Koralle umklammerten Zweig;
Gleich faßt mich der Strudel mit rasendem Toben,
Doch es war mir zum Heil, er riß mich nach oben."

Der König darob sich verwundert schier
Und spricht: „Der Becher ist dein;
Und diesen Ring noch bestimm' ich dir,
Geschmückt mit dem köstlichsten Edelstein,
Versuchst du's noch einmal und bringst mir Kunde,
Was du sahst auf des Meeres tiefunterstem Grunde."

Das hörte die Tochter mit weichem Gefühl,
Und mit schmeichelndem Munde sie fleht:
„Laßt, Vater, genug sein das grausame Spiel!
Er hat Euch bestanden, was keiner besteht;
Und könnt Ihr des Herzens Gelüsten nicht zähmen,
So mögen die Ritter den Knappen beschämen."

Drauf der König greift nach dem Becher schnell,
In den Strudel ihn schleudert hinein:
„Und schaffst du den Becher mir wieder zur Stell',
So sollst du der trefflichste Ritter mir sein
Und sollst sie als Ehgemahl heut noch umarmen,
Die jetzt für dich bittet mit zartem Erbarmen."

Da ergreift's ihm die Seele mit Himmelsgewalt,
Und es blitzt aus den Augen ihm kühn,
Und er siehet erröten die schöne Gestalt
Und sieht sie erbleichen und sinken hin –
Da treibt's ihn, den köstlichen Preis zu erwerben,
Und stürzt hinunter auf Leben und Sterben.

Wohl hört man die Brandung, wohl kehrt sie zurück,
Sie verkündigt der donnernde Schall;
Da bückt sich's hinunter mit liebendem Blick –
Es kommen, es kommen die Wasser all',
Sie rauschen herauf, sie rauschen nieder,
Den Jüngling bringt keines wieder.

Die Ballade – so zu Beginn dieses Heftes unser Geheimer Rat Goethe – kann nach Belieben mit „epischen" (also erzählenden), „dramatischen" (also spannungssteigernden) und „lyrischen" (also stärker stimmungsbetonten) Elementen umgehen. Ob das Schiller bei der Arbeit am „Taucher" auch wußte? Wir meinen, daß die dramatischen Elemente in dieser Ballade überwiegen.

Zeichne einmal eine Spannungskurve (aufsteigende, absteigende Kurvenausschläge genau mit Strophen festhalten).

Aus der Ballade wird ein dramatisches Schattenspiel

Wissenswertes und Interessantes zur Geschichte des Schattenspiels
Für viele Völker außerhalb Europas, besonders für asiatische, spielte der Schatten eine wichtige Rolle im Leben der Menschen. Welche Bedeutung der Schatten haben konnte, zeigen diese Beispiele: Man glaubte z. B. einen Menschen zu töten, wenn man ihm seinen Schatten stahl. Bei Beerdigungen achtete man darauf, daß nicht der eigene Schatten in das Grab fiel, weil man fürchtete, daß man auf diese Art mitbegraben würde.
Heute gehen Experten davon aus, daß das Schattenspiel zuerst in China entstanden ist und sich von dort aus im asiatischen Raum verbreitet hat; aber auch in Nordafrika und im Nahen Osten war das Schattenspiel beliebt. Häufig waren Jahrmärkte, Geburtstage und andere Feierlichkeiten Anlässe für eine Schattenaufführung.
Man unterscheidet zwei Arten des Schattenspiels:
- Beim „*Menschenschattenspiel*" wird der Schatten einer Person direkt auf die Leinwand geworfen.
- Beim „*Figurenschattenspiel*" verwendet man zum Beispiel aus Pappe bzw. Karton hergestellte Figuren, die an Führungsstäben hinter der Leinwand vorbeigeführt werden.

Das Figurenschattenspiel ist bekannter und weiter verbreitet. Über das Menschenschattenspiel ist nur wenig überliefert.

Aus dem Balladentext werden Szenen
Um die Ballade als Schattenspiel aufführen zu können, muß man einige Vorarbeiten leisten.
Zunächst muß man die Ballade szenisch bearbeiten. Das bedeutet: Ihr müßt den Balladentext so einrichten, daß er spielbar wird, d. h.,
- Handlung in Szenen einteilen,
- prüfen, was sich nicht im Spiel darstellen läßt.

Welche Konsequenzen ergeben sich daraus für die Vorbereitung des Schattenspiels?

Fragen an die Ballade	Vorbereitung für das Schattenspiel
1. An welchen Schauplätzen spielt die Ballade?	Wie viele und welche Szenenbilder?
2. Welche Personen kommen vor?	
3. In welchen Schritten verläuft die Handlung?	
4. Welche Gegenstände kommen in der Ballade vor?	
5. Welche Teile der Balladen sind nicht spielbar?	
6. Was muß ein Erzähler übernehmen?	

Von der Szene zum Spielplan

Jetzt könnt ihr darangehen, für jede Szene einen Spielplan aufzustellen. Für die 1. Szene könnte er etwa so aussehen:

1. Szene	
Text	Strophe 1–6
darzustellende Schattenfiguren	König, Tochter, Ritter und Knappen, Taucher
als Schatten darzustellende Requisiten	Becher, Gürtel, Mantel
Bühnenbild	Felsenklippe, Meer Das Meer wallt drohend in der Tiefe.
Handlung	König, umringt von Rittern und Knappen auf der schroffen Felsenklippe, wirft den Becher hinab. Endlich tritt ein Edelknecht hervor.

Zwei Tips zur Technik:

1. Für die Darstellung der Kulisse könnt ihr einen *Tageslichtprojektor* verwenden. Legt farbige Folien auf oder erzeugt durch Papier Umrisse.
2. Durch einen *Diaprojektor* könnt ihr farbige Lichteffekte erzielen. Bemalt Diaglasrähmchen mit Folienstiften. Oder: Tropft zwischen die Glasplättchen Farbe und einen Tropfen Speiseöl, drückt sie zusammen und laßt die Flüssigkeit verlaufen.

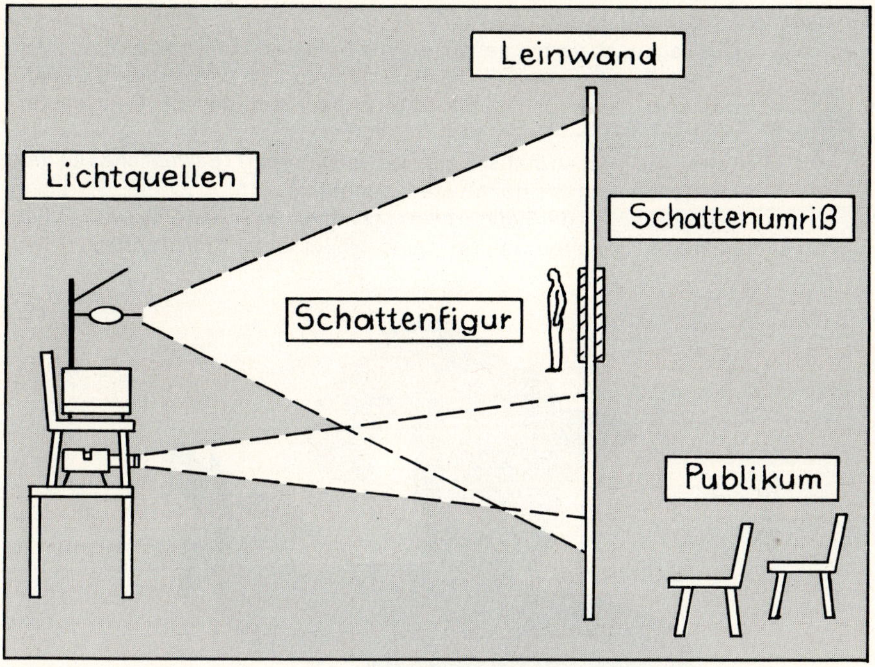

Mit Schere und Pappe

Was braucht ihr für die Herstellung der Kulissen und der Schattenfiguren?

Tips zum Anfertigen der Schattenfiguren:

Überlegt euch vorher genau, wie die Schattenfiguren und Requisiten aussehen sollen. (Sollen die Figuren historisch oder modern gekleidet sein? Anregungen für historische Kostüme aus Geschichtsbüchern, Spielkarten o. ä.)
Sollen die Figuren statisch oder beweglich sein? (Bewegliche Glieder entstehen mit Hilfe der Musterklammern.)
Wie groß sollen die Figuren sein? (Je näher die Schattenfiguren an die Leinwand gehalten werden, desto größer ist ihr Schattenriß.)

Spielverlauf und das Spiel der Schatten aufeinander abstimmen.
Wer die Schattenfiguren bewegt, muß sich *unterhalb* aufhalten.
Bewegungen ruhig und langsam ausführen.
Gemeinsam über Verbesserungsvorschläge sprechen.

Von der Klippe in die Tiefe und zurück

Hier einige Beispiele, wie eine Schulklasse mit einfachen Mitteln eine brauchbare Kulisse gefunden hat:

1

2

3

4

5

6

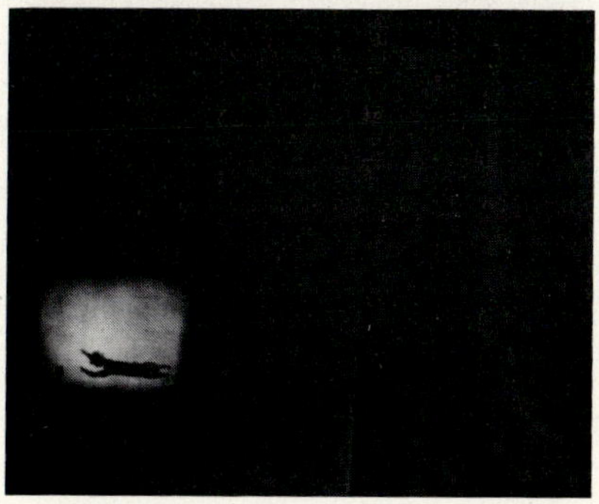

Welche Strophen der Ballade sind nicht dargestellt?

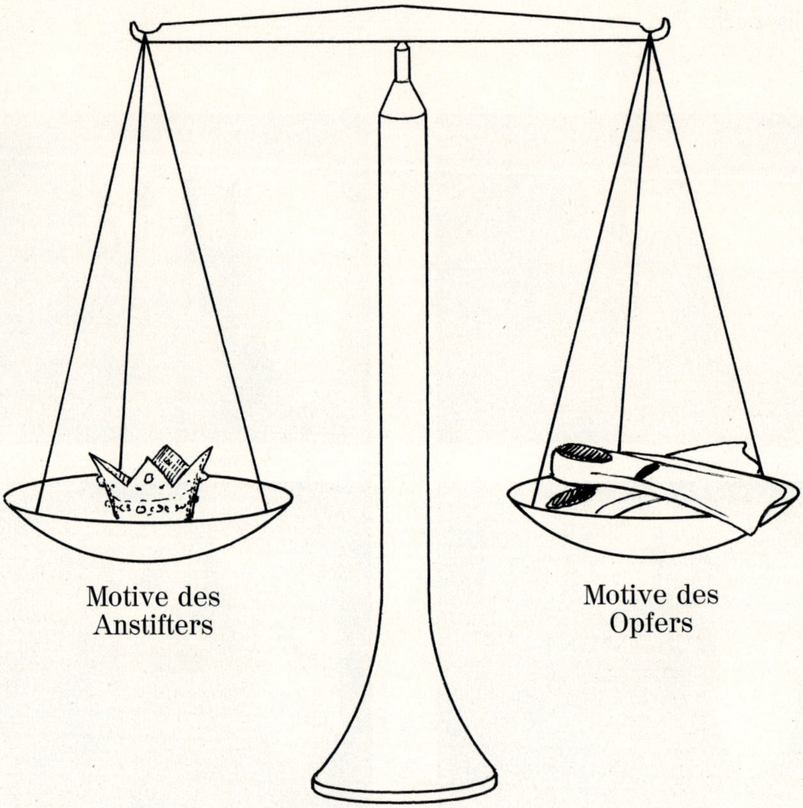

Richter:
Im Namen des Volkes
ergeht folgendes Urteil:

....

....

....

Johann Wolfgang von Goethe: Der Totentanz

Camille Saint-Saëns, ein französischer Komponist (1835–1921), hat ein Stück komponiert, das denselben Titel wie Goethes Ballade trägt: Der Totentanz.

Hört euch die Cassette mehrmals genau an.

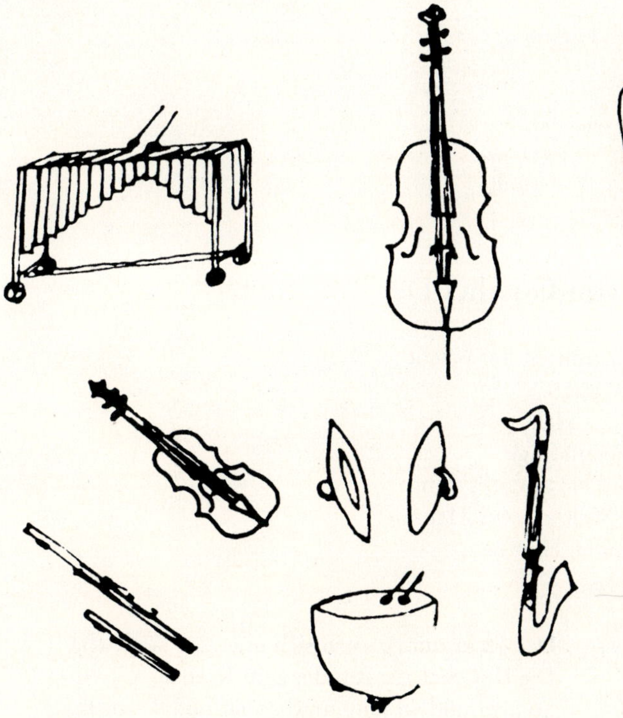

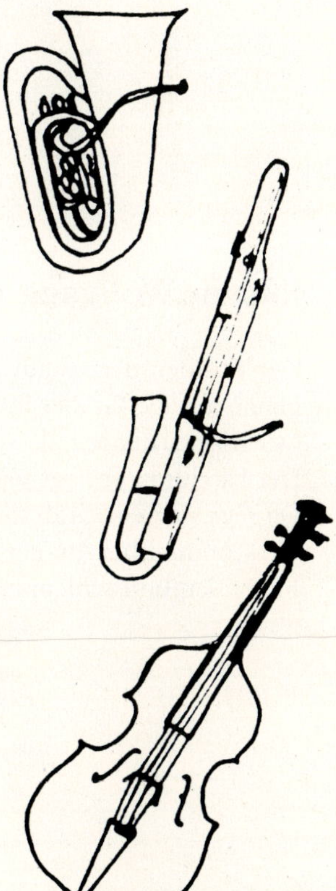

Welche Instrumente habt ihr gehört?

Der Vertonung lag folgender Text zugrunde:

Henry Cazalis: Danse macabre

Klipp-Klapp, Klipp-Klapp, der Tod, er schlägt mit
seiner Knochenferse den Takt auf eines Grabes Platte.
Der Tod, er spielt um Mitternacht,
Klipp-Klapp, zum Tanz auf einer Violine.

Der Winterwind bläst, die Nacht ist dunkel,
die Linden, sie stöhnen und ächzen.
Weiße Skelette huschen durch die Schatten der Nacht,
sie laufen und hüpfen in ihren großen Leichtentüchern.

Klipp und Klapp und Klipp und Klapp,
wie alles sich tummelt im Tanze, daß die Gebeine klappern

....

....

Johann Wolfgang von Goethe: Der Totentanz

Der Türmer, der schaut zumitten der Nacht
Hinab auf die Gräber in Lage;
Der Mond, der hat alles ins Helle gebracht,
Der Kirchhof, er liegt wie am Tage.
Da regt sich ein Grab und ein anderes dann:
Sie kommen hervor, ein Weib da, ein Mann,
In weißen und schleppenden Hemden.

Das reckt nun, es will sich ergetzen sogleich,
Die Knöchel zur Runde, zum Kranze,
So arm und so jung, und so alt und so reich;
Doch hindern die Schleppen am Tanze.
Und weil hier die Scham nun nicht weiter gebeut,
Sie schütteln sich alle, da liegen zerstreut
Die Hemdelein über den Hügeln.

Nun hebt sich der Schenkel, nun wackelt das Bein,
Gebärden da gibt es vertrackte;
Dann klipperts und klapperts mitunter hinein,
Als schlüg man die Hölzlein zum Takte.
Das kommt nun dem Türmer so lächerlich vor;
Da raunt ihm der Schalk, der Versucher, ins Ohr:
Geh! hole dir einen der Laken.

Getan wie gedacht! und er flüchtet sich schnell
Nun hinter geheiligte Türen.
Der Mond, und noch immer er scheinet so hell
Zum Tanz, den sie schauderlich führen.
Doch endlich verlieret sich dieser und der,
Schleicht eins nach dem andern gekleidet einher,
Und husch ist es unter dem Rasen.

Nur einer, der trippelt und stolpert zuletzt
Und tappet und grapst an den Grüften;
Doch hat kein Geselle so schwer ihn verletzt,
Er wittert das Tuch in den Lüften.
Er rüttelt die Turmtür, sie schlägt ihn zurück,
Geziert und gesegnet, dem Türmer zum Glück,
Sie blinkt von metallenen Kreuzen.

Das Hemd muß er haben, da rastet er nicht,
Da gilt auch kein langes Besinnen;
Den gotischen Zierat ergreift nun der Wicht
Und klettert von Zinne zu Zinnen.
Nun ists um den armen, den Türmer getan!
Es ruckt sich von Schnörkel zu Schnörkel hinan,
Langbeinigen Spinnen vergleichbar.

Der Türmer erbleichet, der Türmer erbebt,
Gern gäb er ihn wieder, den Laken.
Da häkelt – jetzt hat er am längsten gelebt –
Den Zipfel ein eiserner Zacken.
Schon trübet der Mond sich, verschwindenden Scheins,
Die Glocke, sie donnert ein mächtiges Eins,
Und unten zerschellt das Gerippe.

Wer findet in Goethes Ballade die Musik von Saint-Saëns wieder?

Variationen zum Thema

Versucht, mit einfachen Orffschen Instrumenten die ganze Ballade zu vertonen.
Gitarrenspezialisten, Rockfans, Pianisten – wo sind eure Ideen?

Marie Marcks

Verfaßt eine
Gruselstory.

Setzt die Ballade wie im folgenden Beispiel in Bilder um:

Der Totentanz

Die Glocke schlägt dumpf in dieser Nacht,
... zehn, elf, zwölf ~~~ es ist Mitternacht!
Der Wächter auf der hohen Zinn,
schaut erwartungsvoll zum Friedhof hin.
Der Mond wirft seinen hellen Schein,
auf das graue Friedhofsgestein.
Allmählig steigen aus allen Gräbern und Grüften,

dürre Gestalten in weißen Kluften.
Sie schwirren in Richtung Leichenhaus
und dort schmeißen sie ihre weißen Hemdchen aus.

Ihre verwesten Körper biegen sich hin und her,
denn Walzer tanzen ist garnicht schwer.
Kaum ist verklungen der letzte Takt,

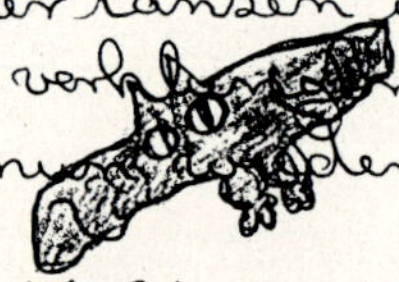

ein jeder nun wieder sein Hemdchen packt.
Nur einer bleibt zurück,
wo ist sein Hemd?,
er hat kein Glück!

„Dort oben am Kirchturm hängt mein weißer Fetzen,
ich will ihn haben,
muß mich beeilen,
muß mich hetzen,
denn die Zeit ist so kurz
und ohne Gewand,

bin ich auf ewig verbannt!"
Beim letzten Versuch,
die Turmuhr schon eins schlug,
ist Mitternacht vorbei,
und der Türmer hört noch den un-
heimlichen Schrei.
Das Skelett lag im Mondschein
zerbrochen und tot,
der Türmer erblaßte,
dann ging er fort.

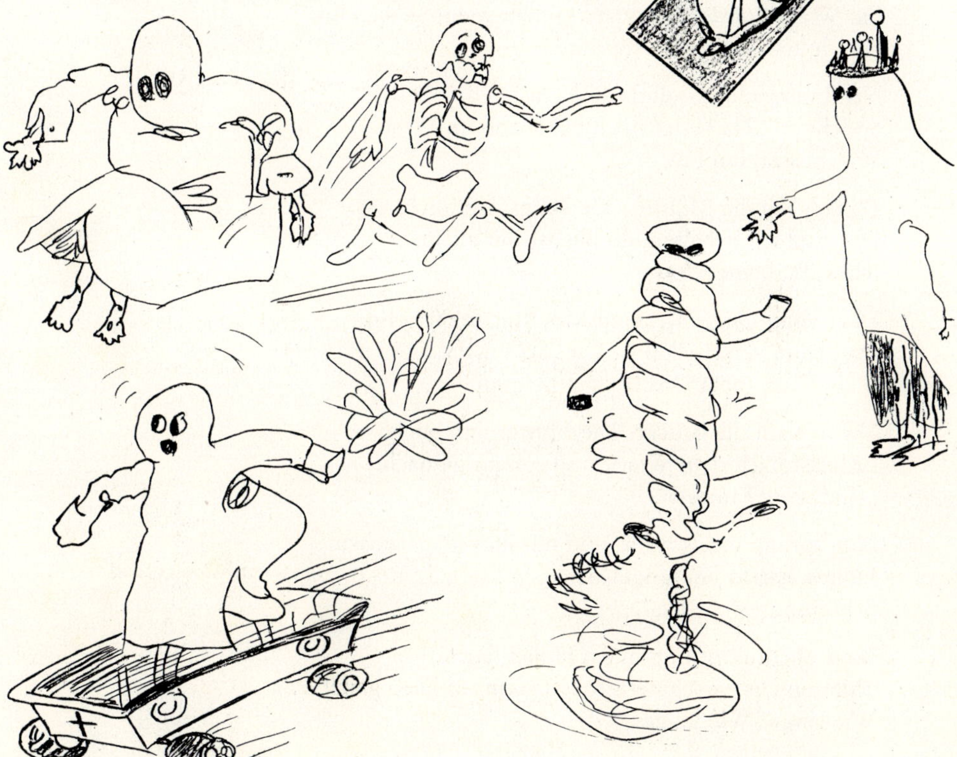

„Tote tanzen in der Kirche“
Dies ist die Überschrift einer Sage, die Goethe für seine Ballade benutzt hat.

Versucht, den Stoff zu einer Sage umzuarbeiten. (Auflösung am Schluß)

Otto Ernst: Nis Randers

Krachen und Heulen und berstende Nacht,
Dunkel und Flammen in rasender Jagd –
Ein Schrei durch die Brandung!

Und brennt der Himmel, so sieht man's gut:
Ein Wrack auf der Sandbank! Noch wiegt es die Flut;
Gleich holt sich's der Abgrund.

Nis Randers lugt – und ohne Hast
Spricht er: „Da hängt noch ein Mann im Mast;
Wir müssen ihn holen.“

Da faßt ihn die Mutter: „Du steigst mir nicht ein:
Dich will ich behalten, du bliebst mir allein,
Ich will's, deine Mutter!

Dein Vater ging unter und Momme, mein Sohn;
Drei Jahre verschollen ist Uwe schon,
Mein Uwe, mein Uwe!“

Nis tritt auf die Brücke. Die Mutter ihm nach!
Er weist nach dem Wrack und spricht gemach:
„Und *seine* Mutter?“

Nun springt er ins Boot, und mit ihm noch sechs:
Hohes, hartes Friesengewächs;
Schon sausen die Ruder.

Boot oben, Boot unten, ein Höllentanz!
Nun muß es zerschmettern ...! Nein: es blieb ganz! ...
Wie lange? Wie lange?

Mit feurigen Geißeln peitscht das Meer
Die menschenfressenden Rosse daher;
Sie schnauben und schäumen.

Wie hechelnde Hast sie zusammenzwingt!
Eins auf den Nacken des andern springt
Mit stampfenden Hufen!

Drei Wetter zusammen! Nun brennt die Welt!
Was da? – Ein Boot, das landwärts hält –
Sie sind es! Sie kommen! – –

Und Auge und Ohr ins Dunkel gespannt…
Still – ruft da nicht einer? – Er schreit's durch die Hand:
„Sagt Mutter, 's ist Uwe!"

Lest die Ballade mit verteilten Rollen und notiert, welche Geräusche man hören oder hörbar machen kann.

„Nis Randers" für den Hörfunk bearbeitet

Hierzu braucht ihr ein gutes Mikrophon und einen Rekorder.

Ein Erzähler liest oder erzählt die Geschichte. Zwei weitere Schüler sprechen die Dialoge zwischen Nis und seiner Mutter, die an den entsprechenden Stellen eingeblendet werden.
Hafengeräusche, Wasserplätschern etc. können als Geräuschkulisse ein- bzw. ausleiten oder das Gesprochene untermalen.

Oder: Als Rundfunk-Interview

Zum Beispiel: Nis Randers und/oder Uwe im Gespräch mit unseren Reportern vor Ort. In der Reihe „Aktuelle Reportage" berichten Schiffbrüchige.
Welcher Gesichtspunkt der Reportage käme bei einer solchen Radio-Reportage zu kurz?

Von der Ballade zum Hörspiel

Kleine Medienkunde

Wort und Ton

- Wer im Hörspiel schweigt, ist nicht da. Unterschiedliche Stimmen präsentieren die Figuren, die ihre Gedanken und Gefühle (innere Vorgänge) aussprechen bzw. hörbar machen.
- Musik oder Geräusche können entweder zur Handlung gehören und Stimmung erzeugen oder als Vor-, Zwischen- bzw. Nachspiel eingesetzt werden.

Zeit/Raum
Stimmen und Geräusche aus Gegenwart und Vergangenheit können ähnlich eingesetzt werden wie die Rückblende im Film, d. h. man kann verschiedene Zeitebenen vermischen. Ihr könnt z. B. die Vorgeschichte der Ballade zusätzlich aufnehmen: Abschied der Mutter vom Vater und den Söhnen; oder ihr könnt die Ereignisse auf dem gestrandeten Schiff parallel schalten mit den Ereignissen am Strand und dabei die Personen in ihrer jeweiligen Situation verdeutlichen.

Blende/Schnitt
Im Unterschied zu einem Theaterstück gibt es keine Einteilung in Szenen und Akte, sondern in Spielphasen. Gliederungsmittel hierbei ist die Blende, mit deren Hilfe der zeitliche Ablauf gesteuert werden kann.
- Einblenden = Öffnen des Tonreglers für die Tonaufzeichnung;
- Ausblenden = Schließen des Tonreglers;
- Überblenden = wenn sich eine zweite Phase über die erste legt, bevor diese ausgeblendet wird.

So, nun könnt ihr an die Arbeit gehen! Aber zunächst müßt ihr, ähnlich wie beim Film, ein Textbuch einrichten.

Spielphasen	Sprecher (-innen)	Handlung	Blenden	Geräusche/ Musik

Sprechproben: Versucht, durch unterschiedliche Stimmen eure Figuren deutlich unterscheidbar zu machen. Zuhörer müssen auch mit geschlossenen Augen wissen, welche Person der Ballade gerade spricht. Entdeckt die Modulationsfähigkeit eurer Stimme (laut/leise, ängstlich/freudig), so daß für den Zuhörer ein plastisches Bild in seiner Phantasie entsteht. Die Aufnahme mittels Mikrophon und Rekorder steht ganz am Schluß, wenn alles klappt und die Geräuscheinblendungen an der richtigen Stelle funktionieren.

Erich Kästner: Kurt Schmidt, statt einer Ballade

Der Mann, von dem im weiteren Verlauf
die Rede ist, hieß Schmidt (Kurt Schm., komplett).
Er stand, nur sonntags nicht, früh 6 Uhr auf
und ging allabendlich Punkt 8 zu Bett.

10 Stunden lag er stumm und ohne Blick.
4 Stunden brauchte er für Fahrt und Essen.
9 Stunden stand er in der Glasfabrik.
1 Stündchen blieb für höhere Interessen.

Nur sonn- und feiertags schlief er sich satt.
Danach rasierte er sich, bis es brannte.
Dann tanzte er. In Sälen vor der Stadt.
Und fremde Fräuleins wurden rasch Bekannte.

Am Morgen fing die nächste Strophe an.
Und war doch immerzu dasselbe Lied!
Ein Jahr starb ab. Ein andres Jahr begann.
Und was auch kam, nie kam ein Unterschied.

Um diese Zeit war Schmidt noch gut verpackt.
Er träumte nachts manchmal von fernen Ländern.
Um diese Zeit hielt Schmidt noch halbwegs Takt.
Und dachte: Morgen kann sich alles ändern.

Da schnitt er sich den Daumen von der Hand.
Ein Fräulein Brandt gebar ihm einen Sohn.
Das Kind ging ein. Trotz Pflege auf dem Land.
(Schmidt hatte 40 Mark als Wochenlohn.)

Die Zeit marschierte wie ein Grenadier.
In gleichem Schritt und Tritt. Und Schmidt lief mit.
Die Zeit verging. Und Schmidt verging mit ihr.
Er merkte eines Tages, daß er litt.

Er merkte, daß er nicht alleine stand.
Und daß er doch allein stand, bei Gefahren.
Und auf dem Globus, sah er, lag kein Land,
in dem die Schmidts nicht in der Mehrzahl waren.

So war's. Er hatte sich bis jetzt geirrt.
So war's, und es stand fest, daß es so blieb.
Und er begriff, daß es nie anders wird.
Und was er hoffte, rann ihm durch ein Sieb.

Der Mensch war auch bloß eine Art Gemüse,
das sich und dadurch andere ernährt.
Die Seele saß nicht in der Zirbeldrüse.
Falls sie vorhanden war, war sie nichts wert.

9 Stunden stand Schmidt schwitzend im Betrieb.
4 Stunden fuhr und aß er, müd und dumm.
10 Stunden lag er, ohne Blick und stumm.
Und in dem Stündchen, das ihm übrigblieb,
bracht' er sich um.

Statt einer Ballade ein Bänkellied oder eine Moritat?

Balladen, das waren im Deutschland des 16. Jahrhunderts „Volksballaden". Reisende Musikanten zogen durch die Jahrmärkte und Gassen und sangen „von einem Bänklein herab" Lieder, die durch Drehorgeln oder andere Instrumente begleitet wurden. Dazu wurden große Bildtafeln gezeigt, auf denen mittels Zeigestock die Handlung verdeutlicht wurde, also: Nahsehen statt fernsehen.

„Herr Schmidt, statt einer Ballade", als Moritat einstudiert von Klasse x/y

Musik: Wer greift zur Gitarre?		Bildtafeln: Was wird illustriert?

Der Jahrmarkt auf der Wiese (1802)

Könnte Kurt Schmidt *so* ausgesehen haben?
Welcher Titel würde dazu passen?

René Magritte

Kurt Schmidt – ein Opfer seiner Zeit?

Öffentliche Investitionen des Deutschen Reiches 1928–1938

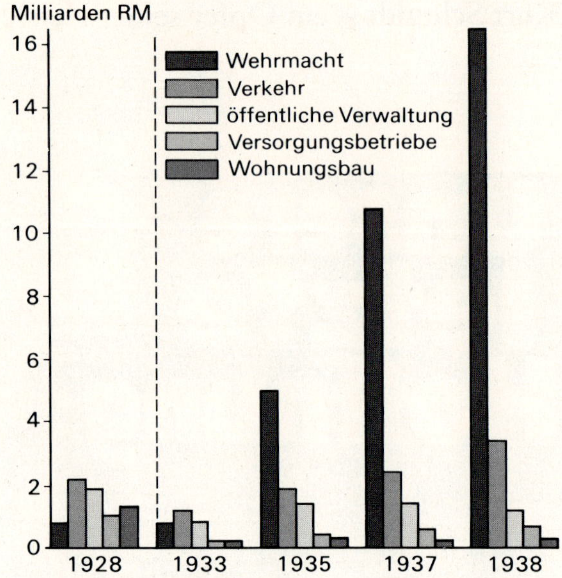

Entwicklung der Arbeitslosigkeit von 1922–1939

Jahr	Arbeitslose (in 1000)	Arbeitslose in Prozent der abhängig Beschäftigten
1922	215	1,1
1924	927	4,9
1926	2025	10,0
1928	1391	6,3
1930	3076	14,0
1932	5603	29,9
1933	4804	25,9
1935	2151	10,3
1937	912	4,1
1939	118	0,5

„Ich kam zur Welt und lebe trotzdem weiter“

Erich Kästner war einer jener deutschen Schriftsteller, deren Bücher 1933 wegen „zersetzender und unmoralischer Geisteshaltung“ öffentlich verbrannt wurden. Er konnte nur im Ausland weiter publizieren. Das folgende Gedicht entstammt dem Gedichtband „Dr. Erich Kästners lyrische Hausapotheke“, der 1938 in Zürich erschien.

Erich Kästner: Kurzgefaßter Lebenslauf

Wer nicht zur Welt kommt, hat nicht viel verloren.
Er sitzt im All auf einem Baum und lacht.
Ich wurde seinerzeit als Kind geboren,
eh' ich's gedacht.

Die Schule, wo ich viel vergessen habe,
bestritt seitdem den größten Teil der Zeit.
Ich war ein patentierter Musterknabe.
Wie kam das bloß? Es tut mir jetzt noch leid.

Dann gab es Weltkrieg statt der großen Ferien.
Ich trieb es mit der Fußartillerie.
Dem Globus lief das Blut aus den Arterien.
Ich lebte weiter. Fragen Sie nicht, wie.

Bis dann die Inflation[1] und Leipzig[2] kamen.
Mit Kant und Gotisch, Börse und Büro,
mit Kunst und Politik und jungen Damen.
Und sonntags regnete es sowieso.

Nun bin ich beinah vierzig Jahre
und habe eine kleine Versfabrik.
Ach, an den Schläfen blühn schon graue Haare,
und meine Freunde werden langsam dick.

Ich setze mich sehr gerne zwischen Stühle.
Ich säge an dem Ast, auf dem wir sitzen.
Ich gehe durch die Gärten der Gefühle,
die tot sind, und bepflanze sie mit Witzen.

Auch ich muß meinen Rucksack selber tragen!
Der Rucksack wächst. Der Rücken wird nicht breiter.
Zusammenfassend läßt sich etwa sagen:
Ich kam zur Welt und lebe trotzdem weiter.

Wie verhält sich Schmidt? Wie verhält sich demgegenüber der Mann im „Kurzgefaßten Lebenslauf"?
Schreibt einen Lebenslauf von diesem anderen Kurt Schmidt.

1 Geldentwertung
2 Kästner studierte von 1919–1925 in Leipzig Germanistik, Philosophie und Theatergeschichte. Hierbei lernte er das Werk des Philosophen Immanuel Kant (1724–1804) und die gotische Sprache kennen. Nebenbei arbeitete er als Werkstudent in einem Büro als Geldbote.

Bertolt Brecht: Kinderkreuzzug

In Polen, im Jahr Neununddreißig
War eine blutige Schlacht
Die hatte viele Städte und Dörfer
Zu einer Wildnis gemacht.

Die Schwester verlor den Bruder
Die Frau den Mann im Heer;
Zwischen Feuer und Trümmerstätte
Fand das Kind die Eltern nicht mehr.

Aus Polen ist nichts mehr gekommen
Nicht Brief noch Zeitungsbericht.
Doch in den östlichen Ländern
Läuft eine seltsame Geschicht.

Schnee fiel, als man sich's erzählte
In einer östlichen Stadt
Von einem Kinderkreuzzug
Der in Polen begonnen hat.

Da trippelten Kinder hungernd
In Trüpplein hinab die Chausseen
Und nahmen mit sich andere, die
In zerschossenen Dörfern stehn.

Sie wollten entrinnen den Schlachten
Dem ganzen Nachtmahr
Und eines Tages kommen
In ein Land, wo Frieden war.

Da war ein kleiner Führer
Das hat sie aufgericht'.
Er hatte eine große Sorge:
Den Weg, den wußte er nicht.

Eine Elfjährige schleppte
Ein Kind von vier Jahr
Hatte alles für eine Mutter
Nur nicht ein Land, wo Frieden war.

Ein kleiner Jude marschierte im Trupp
Mit einem samtenen Kragen
Der war das weißeste Brot gewohnt
Und hat sich gut geschlagen.

Und ging ein dünner Grauer mit
Hielt sich abseits in der Landschaft.
Er trug an einer schrecklichen Schuld:
Er kam aus einer Nazigesandtschaft.

Und da war ein Hund
Gefangen zum Schlachten
Mitgenommen als Esser
Weil sie's nicht übers Herz brachten.

Da war eine Schule
Und ein kleiner Lehrer für Kalligraphie[1].
Und ein Schüler an einer zerschossenen Tankwand
Lernte schreiben bis zu Frie...

Da war auch eine Liebe.
Sie war zwölf, er war fünfzehn Jahr.
In einem zerschossenen Hofe
Kämmte sie ihm sein Haar.

Die Liebe konnte nicht bestehen
Es kam zu große Kält:
Wie sollen die Bäumchen blühen
Wenn so viel Schnee drauf fällt?

Da war auch ein Begräbnis
Eines Jungen mit samtenem Kragen
Der wurde von zwei Deutschen
Und zwei Polen zu Grab getragen.

Protestant, Katholik und Nazi war da
Ihn der Erde einzuhändigen.
Und zum Schluß sprach ein kleiner Kommunist
Von der Zukunft der Lebendigen.

So gab es Glaube und Hoffnung
Nur nicht Fleisch und Brot.
Und keiner schelt sie mir, wenn sie was stahl'n
Der ihnen nicht Obdach bot.

1 Schönschreibkunst

Und keiner schelt mir den armen Mann
Der sie nicht zu Tische lud:
Für ein halbes Hundert, da braucht es
Mehl, nicht Opfermut.

Sie zogen vornehmlich nach Süden.
Süden ist, wo die Sonn
Mittags um zwölf steht
Gradaus davon.

Sie fanden zwar einen Soldaten
Verwundet im Tannengries.
Sie pflegten ihn sieben Tage
Damit er den Weg ihnen wies.

Er sagte ihnen: Nach Bilgoray[2]!
Muß stark gefiebert haben
Und starb ihnen weg am achten Tag.
Sie haben auch ihn begraben.

Und da gab es ja Wegweiser
Wenn auch vom Schnee verweht
Nur zeigten sie nicht mehr
die Richtung an
Sondern waren umgedreht.

Das war nicht etwa ein schlechter Spaß
Sondern aus militärischen Gründen.
Und als sie suchten nach Bilgoray
Konnten sie es nicht finden.

Sie standen um ihren Führer.
Der sah in die Schneeluft hinein
Und deutete mit der kleinen Hand
Und sagte: Es muß dort sein.

Einmal, nachts, sahen sie ein Feuer
Da gingen sie nicht hin.
Einmal rollten drei Tanks vorbei
Da waren Menschen drin.

Einmal kamen sie an eine Stadt
Da machten sie einen Bogen.
Bis sie daran vorüber waren
Sind sie nur nachts weitergezogen.

Wo einst das südöstliche Polen war
Bei starkem Schneewehn
Hat man die fünfundfünfzig
Zuletzt gesehn.

Wenn ich die Augen schließe
Seh' ich sie wandern
Von einem zerschossenen Bauerngehöft
Zu einem zerschossenen andern.

Über ihnen, in den Wolken oben
Seh' ich andre Züge, neue, große!
Mühsam wandernd gegen kalte Winde
Heimatlose, Richtungslose

Suchend nach dem Land mit Frieden
Ohne Donner, ohne Feuer
Nicht wie das, aus dem sie kamen
Und der Zug wird ungeheuer.

Und er scheint mir durch den Dämmer
Bald schon gar nicht mehr derselbe:
Andere Gesichtlein seh' ich
Spanische, französische, gelbe!

In Polen, in jenem Januar
Wurde ein Hund gefangen
Der hatte um seinen mageren Hals
Eine Tafel aus Pappe hangen.

Darauf stand: Bitte um Hilfe!
Wir wissen den Weg nicht mehr.
Wir sind fünfundfünfzig
Der Hund führt euch her.

Wenn ihr nicht kommen könnt
Jagt ihn weg.
Schießt nicht auf ihn
Nur er weiß den Fleck.

Die Schrift war eine Kinderhand.
Bauern haben sie gelesen.
Seitdem sind eineinhalb Jahre um.
Der Hund ist verhungert gewesen.

2 kleiner Ort südlich von Lüblin (Polen)

Welche Bilder und Vorstellungen sind in eurer Erinnerung haften geblieben? Macht euch Notizen dazu.

Brechts ursprüngliche Idee, ein Drehbuch zum Thema „Kinderkreuzzug“ zu schreiben, wird zugunsten einer Ballade aufgegeben.
„Aus dem ‚Kinderkreuzzug‘ wurde eine Ballade anstatt einer Filmstory“ (Brecht am 17. 12. 1941, zit. nach Arbeitsjournal Bd. 1).

Überlegt Gründe für Brechts Entscheidung:

Hier ein Versuch von Schülern, durch eine Bilderfolge auf Linolschnitten den „Kinderkreuzzug“ darzustellen.

Welche Linolschnitte lassen sich welchen Strophen zuordnen?
Stellt weitere, andere Linolschnitte/Tuschzeichnungen her oder überlegt andere Formen der Visualisierung einer Ballade.

1

2

3

4

5

Balladen erzählen Geschichten – Geschichtsbücher registrieren Daten

1. Sept. 1939: Die deutsche Wehrmacht überfällt Polen.
3. Sept. 1939: Hitler weigert sich, seine Truppen zurückzuziehen. Daraufhin erklären England und Frankreich Hitler den Krieg.
17. Sept. 1939: Sowjetische Truppen greifen Polen im Osten an.
27. Sept. 1939: Der Kampf um Warschau endet.
28. Sept. 1939: Die Außenminister Deutschlands und der Sowjetunion, Ribbentrop und Molotow, teilen das Gebiet Polens unter sich auf. Teile Nord- und Westpolens werden dem Deutschen Reich angeschlossen. Die Bevölkerung wird, ihrer Nationalität entsprechend, umgesiedelt.
30. Sept. 1939: In Paris wird eine polnische Exilregierung gebildet.

Kreuzzüge im Mittelalter

1096–99: 1. Kreuzzug. Von 330 000 Teilnehmern erreichen 40 000 das „Heilige Land".
1147–49: 2. Kreuzzug. Er scheitert bereits auf dem Marsch durch Kleinasien.
1189–92: 3. Kreuzzug unter Führung von Kaiser Friedrich I. 280 000 der insgesamt 350 000 Teilnehmer kommen im „Heiligen Land" um.
1202–04: 4. Kreuzzug. Er endet mit der Eroberung Konstantinopels.
1212: Kinderkreuzzug. 30 000 französische und 20 000 deutsche Kinder im Alter von 10–15 Jahren kommen vor Hunger und Erschöpfung um oder werden von Sklavenhändlern verkauft.
1228/29: 5. Kreuzzug. Kaiser Friedrich II. krönt sich zum König von Jerusalem. Er erhält einen vertraglich garantierten Zugang zu den heiligen Stätten in Jerusalem, Bethlehem und Nazareth.
1244: Die Moslems erobern Jerusalem.
1248–54: 6. Kreuzzug.
1270: 7. Kreuzzug. Beide Kreuzzüge des französischen Königs Ludwigs IX. bleiben erfolglos.
1291: Akko wird von den Türken zurückerobert. Ende der Kreuzzüge.

Was könnte Brecht dazu bewogen haben, seine Ballade „Kinderkreuzzug" zu nennen?

Kreuzzug – heute?

Vorschlag für einen Bilderfries oder Collage: Als Material Berichterstattung aus dem Nahen Osten, Meldungen und Bilder aus den Hunger- und Elendsquartieren der Dritten und Vierten Welt und entsprechende Kontraste aus unserer eigenen Welt.
Worte, Verszeilen, Strophen, Bildtafeln (vgl. Moritatentradition), vielleicht auch Begleitmusik oder Geräusche.

Wolf Biermann: Die Ballade vom Briefträger William Moore aus Baltimore

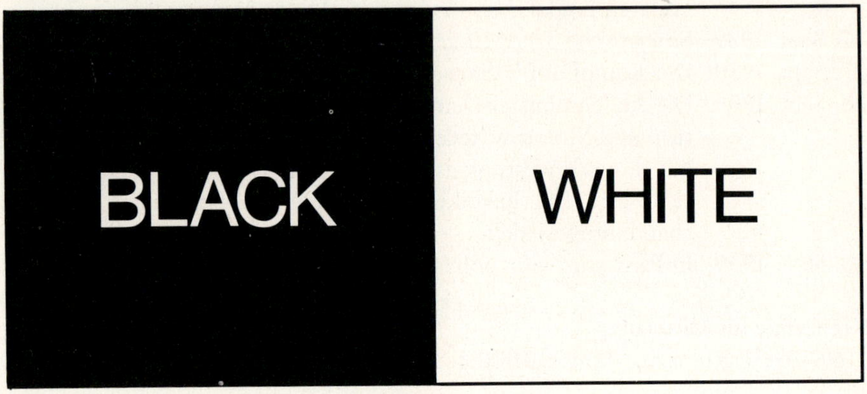

SONNTAG
Sonntag, da ruhte William L. Moore
von seiner Arbeit aus.
Er war ein armer Briefträger nur,
in Baltimore stand sein Haus.

MONTAG
Montag, ein Tag in Baltimore,
sprach er zu seiner Frau:
„Ich will nicht länger Briefträger sein,
ich geh nach Süden auf Tour (that's sure)"
BLACK AND WHITE, UNITE! UNITE!
schrieb er auf ein Schild.
White and black – die Schranken weg!
Und er ging ganz allein.

DIENSTAG
Dienstag, ein Tag im Eisenbahnzug,
fragte William L. Moore
manch einer nach dem Schild, das er trug,
und wünscht ihm Glück für die Tour.
BLACK AND WHITE, UNITE! UNITE!
stand auf seinem Schild...

Mittwoch

Mittwoch, in Alabama ein Tag,
ging er auf der Chaussee,
weit war der Weg nach Birmingham,
taten die Füße ihm weh.
BLACK AND WHITE, UNITE! UNITE!

Donnerstag

Donnerstag hielt der Sheriff ihn an,
sagte „Du bist doch weiß!"
Sagte „Was gehn die Nigger dich an?
Junge, bedenke den Preis!"
BLACK AND WHITE, UNITE! UNITE!

Freitag

Freitag lief ihm ein Hund hinterher,
wurde sein guter Freund.
Abends schon trafen Steine sie schwer –
sie gingen weiter zu zweit.
BLACK AND WHITE, UNITE! UNITE!

Sonna'mt

Sonna'mt, ein Tag, war furchtbar heiß,
kam eine weiße Frau,
gab ihm ein'n Drink, und heimlich sprach sie:
„Ich denk wie Sie ganz genau."
BLACK AND WHITE, UNITE! UNITE!

Last Day

Sonntag, ein blauer Sommertag,
lag er im grünen Gras –
blühten drei rote Nelken blutrot
auf seiner Stirne, so blaß.
BLACK AND WHITE, UNITE! UNITE!
steht auf seinem Schild.
White and black – die Schranken weg!
Und er starb ganz allein.
Und er bleibt nicht allein.

Hört euch die Cassette an. Worin besteht das Besondere von Biermanns Vortrag?

Die Ballade vom Briefträger William L. Moore aus Baltimore, der im Jahre 63 allein in die Südstaaten wanderte. Er protestierte gegen die Verfolgung *)

*) der Neger. Er wurde erschossen nach einer Woche. Drei Kugeln trafen ihn in die Stirn

Black is beautiful?

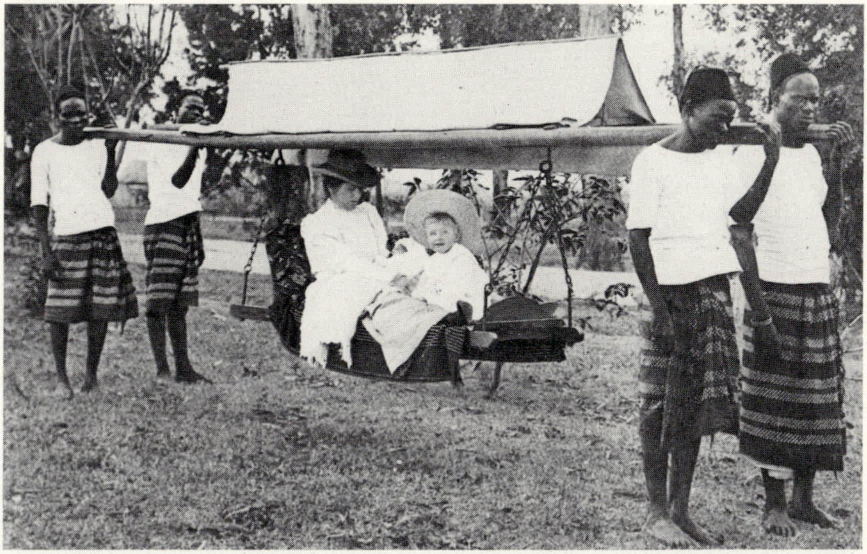

Was fällt euch dazu ein? Notiert Stichworte/Assoziationen.

Black and white, unite! unite!

Der historische Briefträger Moore, genannt „Bill“, beschloß eines Tages, ein Tagebuch zu führen.

Wie könnte ein Tagebuch aus der Sicht des Briefträgers Moore aussehen?

Vom Bänkelsang zum Protestsong

Persönliche Schicksale und Geschichte im Lied zu gestalten, mit diesem Verfahren steht Biermann in der Tradition des Bänkelsangs (vgl. Kästner, S. 35).

Schauerballade

Erfindet zu der schaurigen Moritat des Schusters „Treuenbritzen" eine Geschichte.

Die freie Republik

1 In dem Kerker saßen
zu Frankfurt an dem Main
schon seit vielen Jahren
sechs Studenten drein,
die für die Freiheit fochten
und für das Bürgerglück
und für die Menschenrechte
der freien Republik.

2 Und der Kerkermeister
sprach es täglich aus:
„Sie, Herr Bürgermeister,
es reißt mir keiner aus!“
Aber doch sind sie verschwunden
abends aus dem Turm,
um die zwölfte Stunde,
bei dem großen Sturm.

3 Und am andern Morgen
hört man den Alarm.
Oh, es war entsetzlich,
der Soldatenschwarm!
Sie suchten auf und nieder,
sie suchten hin und her.
Sie suchten sechs Studenten
und fanden sie nicht mehr.

4 Doch sie kamen wieder
mit Schwertern in der Hand.
Auf, ihr deutschen Brüder,
jetzt geht's fürs Vaterland.
Jetzt geht's für Menschenrechte
und für das Bürgerglück.
Wir sind doch keine Knechte
der freien Republik.

5 Wenn euch die Leute fragen:
Wo ist Absalon?
So dürfet ihr wohl sagen:
O, der hänget schon.
Er hängt an keinem Baume
und an keinem Strick,
sondern an dem Glauben
der freien Republik.

Entwerft dazu Bildtafeln als Moritat.
Cassetten/Platten der Liedermacher mal anhören!

Am Ende eine Ballade von Michael Ende: Die Ballade vom Seiltänzer Felix Fliegenbeil

Michael Ende wünscht sich, daß seine Lieder und Balladen „Volkslieder“ werden, von denen niemand mehr später weiß, wer sie geschrieben hat.

Es war ein Tänzer auf dem Seil
mit Namen Felix Fliegenbeil,
der größte aller Zeiten,
das kann man nicht bestreiten.
Ihm lag nicht viel an Gut und Geld,
nichts an der Menge Gunst,
ihm ging's nicht um den Ruhm der Welt,
ihm ging es um die Kunst.

Hier hat der Setzer die Reime vergessen. Helft ihm auf die Sprünge!

Schon in der Seiltanzschule w . .
er bald der Beste in der Sch . .,
und als ein Jahr vor . . . .,
war er dem Lehrer . . . . .
Da sagte der in mildem T . .:
„Du Wunderkind, ad . !
Ich kann dich nichts mehr lehren, Sohn,
drum geh mit Gott – doch geh!“

So zog er in die Welt hin . . .,
wohin er kam, erscholl . . . .
Die ganze Welt bereist' er
und suchte seinen M . . . .
Doch keiner tanzte so genial
die Sprünge des Bal . . . . .
hoch droben auf dem Seil aus . . . . .
und immer ohne . . . . !

Da er den Meister nirgends fand,
beschloß er endlich kur......,
statt andre zu begei....,
sich selber zu bem........
„Mein Tanz“, sprach Felix ....,
„ist noch kein Meisterstück.
Zwar kann ich alles auf dem ....,
doch ist das Seil zu ....!“

Drum spannte er von Haus zu ....
nun einen Draht anstatt des T...
und übte, drauf zu springen.
Das sollte bald ....
Dann nahm er einen dünnern Draht
und einen dünnsten noch –
es dauerte zwei Jahre ....,
dann konnte er's je.....

Und schließlich kam das siebte ....,
da tanzte er auf einem Haar,
gespannt von Turm zu .....,
dort schritt er hin im S......
Das Publikum sah schweigend z.
und hielt die Hüte fest.
Dann aber kam der letzte Cl..,
der sich kaum glauben läßt:

Denn eines Tags um acht Uhr früh,
da spannt er *nichts* mehr zwischen...:
Er tanzte auf der Le...,
als ob dort etwas w...!
Hoch überm Abgrund ging er zwar
mit leichtem Tänzer.......,
doch weil er ohne Halt nun ...,
nahm ihn ein Windstoß ....

Wer weiß, wohin der Wind ihn t....?
Ein Astronom allein beschr...,
was er im Fernrohr schaute
im Sternbild Ar.....te:
Es sei, sprach er, gewiß kein T.....
Er habe ihn gesehn,
von Stern zu Stern im Himm......m
wie einen Tänzer g...!

Es war der Tänzer ohne Seil
mit Namen Felix Fliegenbeil,
der größte aller Zeiten,
das wird man nicht bestreiten.
Ihm lag nichts mehr an Gut und Geld,
nichts an der Menge Gunst,
ihm ging's nicht um den Ruhm der Welt,
ihm ging es um die Kunst!

Hier zwei Freunde von Felix Fliegenbeil, die noch keinen Balladendichter gefunden haben.

Wenn's schon keinen Balladendichter unter euch gibt, dann doch sicher einige Comicspezialisten, also los: Macht einen Fliegenbeil-Comic!

Anhang

Auflösung von S. 32

Tote tanzen in der Kirche
Nahe bei der Kirche in Gadebusch wohnte ein Schneider, der sehr unordentlich lebte und oft des Nachts sehr spät erst aus den Wirtshäusern nach Hause kam. Dieser bemerkte einst in der Neujahrsnacht, als er gerade um Mitternacht von einem Gelage heimkehrte, um seine Wohnung aufzusuchen, in der Kirche einen hellen Lichtschein. Neugierig tritt er an die Kirchentür, öffnet sie und sieht rings um den Altar alle Toten in langen weißen Kleidern einen Ringeltanz aufführen. Sie fassen einander bei den Händen und singen ununterbrochen, einander zunickend:

„Wie lang ist doch dein Totenhemd,
wie lang ist doch dein Totenhemd!"

Dem Schneider erscheint dies lächerlich und überdumm; er wendet sich gegen die Tänzer und ruft: „Ich wollt', ihr würdet euch ins Hemd machen!"
Sogleich fahren die Toten auf ihn los, er, um sich zu retten, springt aus der Kirche und wirft die Tür hinter sich voller Gewalt ins Schloß, aber der Rockzipfel bleibt in der Kirche. Der Schneider reißt sich mit Verlust desselben von der Tür los; der Zipfel aber wurde am andern Tage in tausend Fetzen durch die ganze Kirche zerstreut gefunden.

Auflösung von S. 55/56

Michael Ende: Die Ballade vom Seiltänzer Felix Fliegenbeil

[...]
Schon in der Seiltanzschule war
er bald der Beste in der Schar,
und als ein Jahr vorüber,
war er dem Lehrer über.
Da sagte der in mildem Ton:
„Du Wunderkind, ade!
Ich kann dich nichts mehr lehren, Sohn,
drum geh mit Gott – doch geh!"

So zog er in die Welt hinaus,
wohin er kam, erscholl Applaus.
Die ganze Welt bereist' er
und suchte seinen Meister.
Doch keiner tanzte so genial
die Sprünge des Balletts
hoch droben auf dem Seil aus Stahl
und immer ohne Netz!

Da er den Meister nirgends fand,
beschloß er endlich kurzerhand,
statt andre zu begeistern,
sich selber zu bemeistern.
„Mein Tanz", sprach Felix Fliegenbeil,
„ist noch kein Meisterstück.
Zwar kann ich alles auf dem Seil,
doch ist das Seil zu dick!"

Drum spannte er von Haus zu Haus
nun einen Draht anstatt des Taus
und übte, drauf zu springen.
Das sollte bald gelingen.
Dann nahm er einen dünnern Draht
und einen dünnsten noch –
es dauerte zwei Jahre grad,
dann konnte er's jedoch.

Und schließlich kam das siebte Jahr,
da tanzte er auf einem Haar,
gespannt von Turm zu Turme,
dort schritt er hin im Sturme.
Das Publikum sah schweigend zu
und hielt die Hüte fest.
Dann aber kam der letzte Clou,
der sich kaum glauben läßt:

Denn eines Tags um acht Uhr früh,
da spannt er *nichts* mehr zwischen sie:
Er tanzte auf der Leere,
als ob dort etwas wäre!
Hoch überm Abgrund ging er zwar
mit leichtem Tänzerschritt,
doch weil er ohne Halt nun war,
nahm ihn ein Windstoß mit.

Wer weiß, wohin der Wind ihn trieb?
Ein Astronom allein beschrieb,
was er im Fernrohr schaute
im Sternbild Argonaute:
Es sei, sprach er, gewiß kein Traum.
Er habe ihn gesehn,
von Stern zu Stern im Himmelsraum
wie einen Tänzer gehn!
[...]

Textquellenverzeichnis

S. 6: Johann Wolfgang von Goethe: Der Zauberlehrling. Aus: Gedenkausgabe der Werke, Briefe und Gespräche. 28. August 1949. Erster Band. Sämtliche Gedichte. Artemis Verlag, Zürich 1950, S. 149–152

S. 11: Magie. Aus: Meyers Enzyklopädisches Lexikon in 25 Bänden, Bd. 14. Bibliographisches Institut, Mannheim/Wien/Zürich, S. 434

S. 13: Friedrich Schiller: Der Taucher. Aus: Sämtliche Werke. Erster Band: Gedichte, Dramen I. Carl Hanser Verlag, München 1958, S. 368–373

S. 26: Henry Cazalis: Danse macabre. Aus: Musik-Kontakte. Arbeitsbuch für den Musikunterricht, Bd. 2, hrsg. von Rolf Weigelt. Hirschgraben Verlag, Frankfurt/M. 1987, S. 147

S. 26: Johann Wolfgang von Goethe: Der Totentanz. Aus: Gedenkausgabe der Werke, Briefe und Gespräche, a. a. O., S. 144 f.

S. 30: Der Totentanz. Schülerarbeit von Margret Dellen

S. 32: Otto Ernst: Nis Randers. Aus: Gesammelte Werke. L. Staakmann Verlag, Leipzig o. J.

S. 35: Erich Kästner: Kurt Schmidt, statt einer Ballade. Aus: Erich Kästner: Ein Mann gibt Auskunft. Atrium Verlag, Zürich 1930

S. 41: Erich Kästner: Kurzgefaßter Lebenslauf. Aus: Erich Kästner: Ein Mann gibt Auskunft. Atrium Verlag, Zürich 1930

S. 42: Bertolt Brecht: Kinderkreuzzug. Aus: Gesammelte Werke in acht Bänden. Bd. IV: Gedichte. Suhrkamp Verlag, Frankfurt/M. 1967, S. 833–838

S. 48: Wolf Biermann: Die Ballade vom Briefträger William L. Moore aus Baltimore. Aus: Die Drahtharfe. Balladen, Gedichte, Lieder. Verlag Klaus Wagenbach, Berlin 1965 (= Quarthefte 82), S. 26–29

S. 54: Die freie Republik. Aus: Thomas Friz/Erich Schmeckenbecher: Es wollt ein Bauer früh aufstehn. 222 Volkslieder. Verlag „pläne", Dortmund [3]1979

S. 55 und 59: Michael Ende: Die Ballade vom Seiltänzer Felix Fliegenbeil. Aus: Michael Ende: Trödelmarkt der Träume. Edition Weitbrecht im K. Thienemanns Verlag, Stuttgart/Wien 1986, S. 16–18

S. 59: Tote tanzen in der Kirche. Aus: Deutsche Volkssagen, hrsg. von Leander Petzoldt. Verlag C. H. Beck, München [2]1978, S. 120

Bildquellenverzeichnis

S. 4: Aus: Goethe für Anfänger. edition momos bei ztv. Hrsg. von Matthias Altenburg. ztv-Verlag, Frankfurt/M. 1986, S. 54. Illustrationen von Annette Bienkowski und Uwe Rohe

S. 5: (oben) © Heinz Looser-Brenner, Zürich. Aus: Linke Lieder. Protestsongs. Scherz Verlag, München 1966, S. 1

S. 5: (Mitte und unten) © Jürgen von Thomei, Basel. Aus: Thomas Rothschild: Liedermacher. Fischer Taschenbuch Verlag, Frankfurt/M. 1980, S. 14/15

S. 7: Aus: Goethe für Anfänger, a.a.O., S. 137

S. 10: Schmalfilmverlag, Gemsberg

S. 12: Marie Marcks. Aus: Goethe ist gut. Hrsg. von Dagmar Matten-Gohdes. Verlag Beltz & Gelberg, Weinheim und Basel ^{2}1988, S. 83

S. 13: A. Holtappel, Münster

S. 22: Schülerarbeit

S. 23: Fotos: Francis Roters

S. 25: (oben) Aus: Angela & Andreas Hopf: Schattenbilder. novum press. Bruckmann Verlag, München 1986

S. 27: Aus: Spielpläne Musik 5/6. Ernst Klett Verlag, Stuttgart 1984, S. 136

S. 29: Marie Marcks. Aus: Goethe ist gut, a.a.O., S. 96

S. 30/31: Schülerarbeit

S. 37: Aus: Christian Vulpius: Rinaldo Rinaldini. Insel Verlag (it 426), Frankfurt/M. 1979

S. 38: René Magritte. Aus: Le Paysage de Baucis. © Cosmopress, Genf 1989

S. 39: Aus: Die Reise in die Vergangenheit. Ausg. N, Bd. 3, Geschichte und Politik in unserer Zeit. Westermann, Braunschweig 1981, S. 120

S. 40: Aus: Geschichte und Geschehen 10. Ausg. N, Gymn. Ernst Klett Verlag, Stuttgart 1988, S. 120

S. 44–46: Mit freundlicher Genehmigung von Margarethe Pietryga, Ibbenbühren

S. 51: (oben) Preußischer Kulturbesitz, Berlin, (unten links) © Deutsche Presse-Agentur, (unten rechts) © Deutsche Presse-Agentur, Stuttgart

S. 53: Aus: Liebe, Mord und Schicksalsschlag. Hrsg. von Roland P. Winson. Gondrom Verlag, Bayreuth 1982, S. 518

S. 55: Aus: Michael Ende: Trödelmarkt der Träume. Edition Weitbrecht im K. Thienemanns Verlag, Stuttgart/Wien 1986, Umschlag

S. 57: Janosch: Der Musikant in der Luft. Aus: „Geh und spiel mit dem Riesen“. Erstes Jahrbuch der Kinderliteratur. Hrsg. von Hans-Joachim Gelberg. Verlag Beltz & Gelberg, Weinheim und Basel 1974, S. 289

S. 58: Illustration von Bernd Kurzweg. Aus: „Geh und spiel mit dem Riesen“, a.a.O., S. 11

Die Reihe **WERKSTATT LITERATUR** *ist schwerpunktmäßig auf eine handlungsbezogene Rezeption durch den Leser angelegt.*
Ihre didaktische Bedeutung liegt in der Möglichkeit, mit Literatur weit lustvoller umzugehen, sich selbst schreibend einzubringen, als es bei einer einseitigen und oft mühsamen Analyse literarischer Formen der Fall ist.
Aus einem vorgegebenen Text wird ein offener Dialog, in welchem Möglichkeiten und Grenzen literarischen Gestaltens erprobt werden können durch
- *optisches Gliedern, bildliches Gestalten, Koproduzieren, Modifizieren und vieles andere*
- *szenisches Interpretieren im Schulspiel/Theater*
- *Beobachtungen literarischer Arbeitsprozesse bekannter Jugendbuchautoren*

Lyrik/Prosa

Alexander Bertsch und Hartmut Merkt
Verseschmiede – Spielerischer Umgang mit Gedichten
Klettbuch 30622, 81 Seiten
(Kl. 5–7)

Eine Einführung in Gedichtinterpretationen einmal anders: als Entdeckungsreise. Im Gegensatz zur analytischen Gedichtbetrachtung steht hier das eigene Verseschmieden im Vordergrund. Die Grundbegriffe der Verslehre wurden in eine pfiffige Kriminalstory verpackt und optisch durch lustige Strichmännchen als Leitfiguren unterstützt.
Silben- und Bilderrätsel, Puzzles und Schreibspiele sorgen dafür, das Gelernte erprobend zu festigen.

Bolko Bullerdiek
Einmischungen
Klettbuch 30624, 76 S.
(Ab Kl. 9)

In je fünf Kapiteln Lyrik und kurzer Prosa werden in Text und Bild Anregungen zu einem produktiven Umgang mit diesen Texten gegeben.
Vor allem Abschlußklassen der Sekundarstufe I kann mit Hilfe dieses Bandes der gesamte Bereich literarischer Interpretationsprobleme nochmals deutlich gemacht werden.

Angelika Kriege
Balladen – hören, spielen, verstehen
Klettbuch 30628, ca. 64 S.
(ab Kl. 7)
Hörkassette 306281

Inhaltlich und formal deckt der Band das Spektrum von der klassischen Ballade bis zur Balladenvariation der modernen Liedermacher ab. In einer beeindruckenden Methodenvielfalt werden unterschiedliche Zugehensweisen und Interpretationshilfen angeboten.

Schulspiel/Schultheater

Jörg Ehni
Nur die Dummheit kann uns retten – Schildbürgerstreiche als Schulspiel
Klettbuch 30621, 52 S.
(ab Kl. 5)

Der Band besteht aus Text- und Spielteil. Er enthält 7 Kapitel aus den Schildbürgergeschichten, nacherzählt von Erich Kästner. Systematisch aufgebaute Arbeitsschritte erläutern in Wort und Bild, wie ein Theaterstück aus einem Prosatext entsteht.

Herbert Lehmann
Das spielende Klassenzimmer – Anregungen zum Theatermachen
Klettbuch 30629, 56 S.
(ab Klasse 5)

Pantomimen, Scharaden, Schwänke, Märchen und Fabeln dienen als Vorlage sowohl zum Einzelspiel im Klassenzimmer wie auch zur Gestaltung eines bunten Nachmittags vor Zuschauern.

Gabriele Maute
Märchenspiele – Märchenhafte Wirklichkeit
Klettbuch 30630, 104 S.
(ab Kl. 5)

Im ersten Teil findet man Erzähltexte, die sich leicht dialogisieren lassen und der Phantasie einige knifflige Aufgaben stellen. Im zweiten Teil sind zwei ausgearbeitete Spieltexte vorgegeben, die mit der Klasse/Theater AG. inszeniert werden können. Zusammen mit Arbeitsvorschlägen dokumentieren zahlreiche Fotos die einzelnen Spielphasen.

Friedrich Karl Waechter
Die Beinemacher – Ein Kinderhörspiel
bearbeitet von Frieder Stöckle
Klettbuch 30631, 60 S.
(ab Kl. 5)
Hörkassette 306311

Waechters Text ist der Ausgangspunkt für eine Erkundungsreise zum Thema Hören und Hörspielmachen. Die Werkstatt des Tischlers mit ihren unterschiedlichen Geräuschen bildet hierzu eine ideale Experimentierbühne, und beim spielerischen Umgang mit Redensarten werden der Phantasie „Beine“ gemacht.